Mapas de nuestra nación

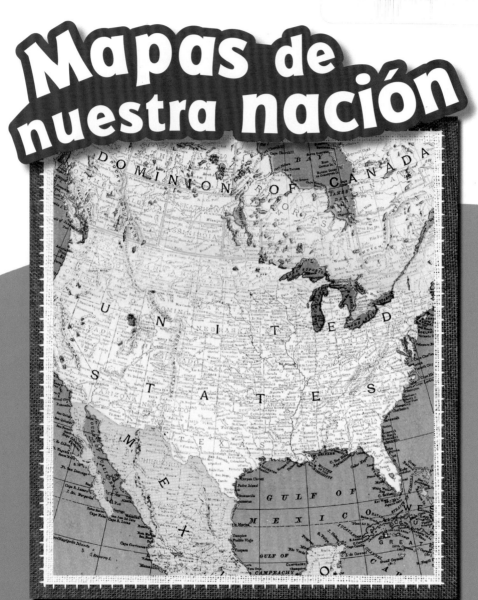

Sandy Phan

Asesoras

Shelley Scudder
Maestra de educación de
estudiantes dotados
Broward County Schools

Caryn Williams, M.S.Ed.
Madison County Schools
Huntsville, AL

Créditos de publicación

Conni Medina, M.A.Ed., *Gerente editorial*
Lee Aucoin, *Diseñadora de multimedia
principal*
Torrey Maloof, *Editora*
Marissa Rodriguez, *Diseñadora*
Stephanie Reid, *Editora de fotos*
Traducción de Santiago Ochoa
Rachelle Cracchiolo, M.S.Ed., *Editora
comercial*

Créditos de imágenes: págs. 25, 28,
29(arriba) Alamy; pág. 29(abajo) Blake S.;
págs. 26–27 Digital Wisdom; págs. 10–11,
14–15, 18(arriba), 21, 24, 26(izquierda)
iStockphoto; pág. 8 Map Store; págs.
6–7 Mapping Specialists; págs. 12, 14,
16, 18(abajo), 22(arriba) Stephanie Reid;
todas las demás imágenes pertenecen a
Shutterstock.

Teacher Created Materials
5301 Oceanus Drive
Huntington Beach, CA 92649-1030
http://www.tcmpub.com
ISBN 978-1-4938-0544-0
© 2016 Teacher Created Materials, Inc.

Índice

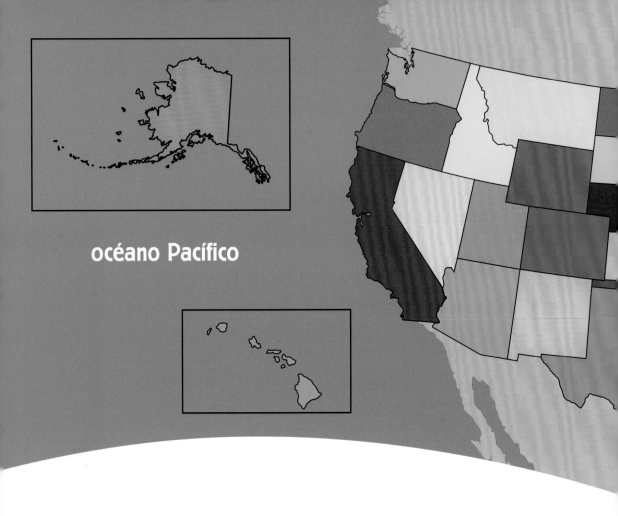

océano Pacífico

Usando mapas

   ¡Estados Unidos es enorme! Se extiende desde el océano Pacífico hasta el océano Atlántico. Se compone de 50 estados. ¡Algunos estados son más grandes que muchos países!

océano Atlántico

Este es un mapa de Estados Unidos.

Podemos usar mapas para aprender sobre nuestra nación. Los mapas nos ayudan a ver la forma de la Tierra. Los mapas también nos muestran lugares importantes. ¡Exploremos nuestra nación!

Hay herramientas que nos ayudan a leer los mapas. La leyenda, o convenciones, explica los símbolos, líneas y colores de un mapa. La rosa de los vientos muestra los cuatro puntos cardinales: norte, sur, este y oeste.

Esta es una leyenda o convención.

Leyenda

montañas

ríos

Esta es una escala.

Esta es una rosa de los vientos.

Otra herramienta es la escala. Nos ayuda a medir distancias en un mapa. Si sabes cómo usar estas herramientas, ¡podrás leer cualquier mapa!

Este mapa muestra los ríos y las montañas de nuestra nación.

Leyenda
montañas
ríos

CANADÁ

río Misuri

ESTADOS UNIDOS

Montañas
Rocosas

Washington, D. C.

montes
Apalaches

río Colorado

río Misisipi

OCEÁNO
PACÍFICO

OCEÁNO
ATLÁNTICO

MÉXICO

N
O · E
S

0   250   500 millas
0   250   500 kilómetros

Tipos de mapas

Hay muchos tipos de mapas. Los **mapas físicos** muestran cuerpos de agua, como ríos y lagos. También muestran **accidentes geográficos**. Estas son las características naturales de la superficie de la Tierra. Las montañas, desiertos y llanuras son accidentes geográficos.

Este es un mapa físico de Estados Unidos.

La **elevación** es la altura de un lugar. Una montaña tiene una mayor elevación que un desierto. Algunos mapas físicos muestran la elevación.

El río más largo

El río Misuri es el más largo de Estados Unidos. Tiene 2,540 millas de largo. Nace en Montana. Desemboca en Misuri. Allí, se une con el río Misisipi.

Este es el río Misuri.

Otro tipo de mapa es el **mapa político**. Un mapa político muestra las fronteras entre los lugares. Muestra cómo las personas han dividido la tierra.

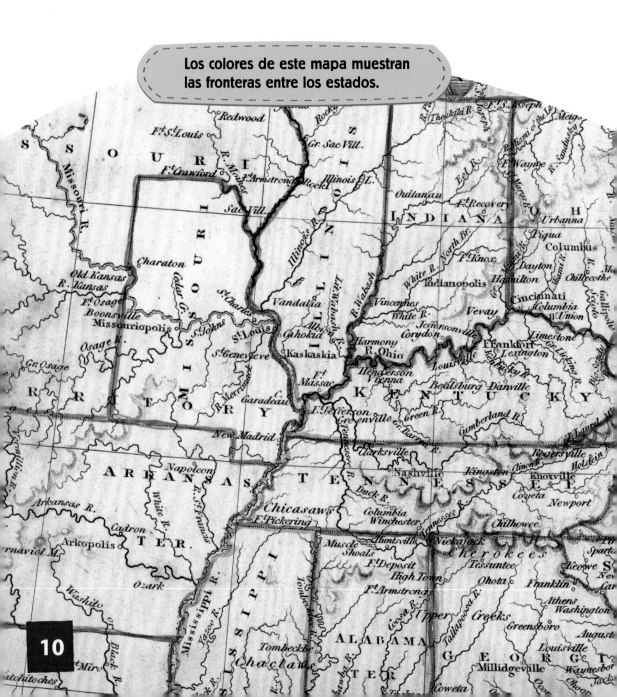

Los colores de este mapa muestran las fronteras entre los estados.

Un mapa político de Estados Unidos muestra los 50 estados. A veces, también muestra sus capitales. Cada estado es como una pieza de un rompecabezas. Estas piezas forman una imagen de nuestra nación.

Capitales

Cada estado tiene una capital. Ahí tiene el gobierno sus oficinas principales. ¿Sabes cuál es la capital de tu estado?

Este es un mapa político de Estados Unidos.

Un **mapa temático** muestra cómo están distribuidas las personas o las cosas en un lugar. Puede mostrar el número de personas que viven en una zona.

Este es un mapa temático. Muestra de dónde vienen diferentes tipos de alimentos.

Leyenda

ganado

aves

naranjas

maíz

manzanas

papas

Un mapa temático también puede mostrar los alimentos que se cultivan en una zona. También puede mostrar las carreteras por las que viaja la gente.

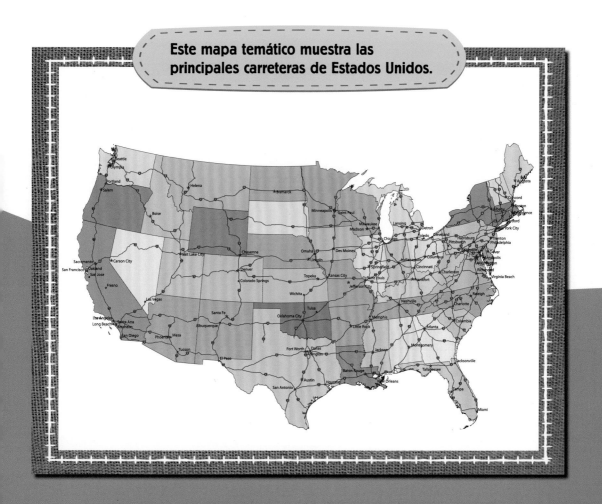

Este mapa temático muestra las principales carreteras de Estados Unidos.

Regiones

Una **región** es un área de tierra. Tiene sus propias características. Estas la distinguen de otras áreas que la rodean.

Estas son las cuatro regiones de Estados Unidos.

Una región puede tener un **clima** determinado, o patrones climatológicos. Puede que un animal especial también viva ahí. Cada región tiene sus rasgos propios y únicos.

Esta es la región noreste.

Cuatro regiones

Estados Unidos se puede dividir de muchas formas diferentes. Una de ellas es en cuatro regiones. Estas cuatro regiones son el Noreste, el Sur, el Medio Oeste y el Oeste. ¿En qué región vives tú?

Estados del Noreste

Connecticut
Maine
Massachusetts
Nuevo Hampshire
Nueva Jersey
Nueva York
Pensilvania
Rhode Island
Vermont

Oeste

Medio Oeste

Noreste

Sur

Estos son los montes Apalaches en otoño.

El Noreste

La región noreste tiene nueve estados. Los inviernos son fríos y nevados. Los veranos son calurosos. Las hojas tienen colores hermosos en otoño. Y la primavera trae muchas lluvias.

¡Una gran ciudad!

La ciudad más grande de Estados Unidos está situada en la región noreste. ¡Es la ciudad de Nueva York!

La ciudad de Nueva York

La región noreste también es conocida por los montes Apalaches. Son unas de las montañas más antiguas de la Tierra.

El Sur

El Sur tiene 16 estados. La mayoría de los estados de esta región tiene climas cálidos. Algunas zonas siempre están cubiertas de agua. Estas zonas se llaman *pantanos*. ¡Muchos pantanos tienen caimanes!

¿Puedes ver al caimán en este pantano?

Estados del Sur

Alabama
Arkansas
Carolina del Norte
Carolina del Sur
Delaware
Florida
Georgia
Kentucky
Luisiana
Maryland
Misisipi
Oklahoma
Tennessee
Texas
Virginia
Virginia Occidental

Oeste

Medio Oeste

Noreste

Sur

Esta región tiene grandes ríos que ayudan a los agricultores a plantar cultivos. El algodón, el arroz y las frutas cítricas se dan bien en el Sur.

La capital de nuestra nación

¿Sabías que la capital de nuestra nación está en el Sur? Washington, D. C., se encuentra a orillas del río Potomac, entre Maryland y Virginia.

Washington, D. C.

Los estados del Medio Oeste

Dakota del Norte
Dakota del Sur
Illinois
Indiana
Iowa
Kansas
Míchigan
Minnesota
Misuri
Nebraska
Ohio
Wisconsin

En la granja

El Medio Oeste tiene muchas granjas. Estas cultivan principalmente trigo, avena y maíz.

Estas son las Grandes Llanuras.

El Medio Oeste

La región del Medio Oeste tiene 12 estados. El clima es seco en su mayor parte. Las Grandes Llanuras se encuentran en esta región. Es un área grande de tierra plana. Está cubierta de pasto.

Este mapa muestra los Grandes Lagos.

Los Grandes Lagos también se encuentran en esta región. ¡Estos lagos de agua dulce ocupan más de 94,000 millas cuadradas! Muchos peces, como el salmón y la trucha, viven en estos lagos.

El Oeste

El Oeste está conformado por una gran extensión de tierra. Esta región tiene 13 estados. Sus climas varían. Oregón es lluvioso y brumoso. Colorado puede ser muy frío. Y Arizona puede ser muy caliente.

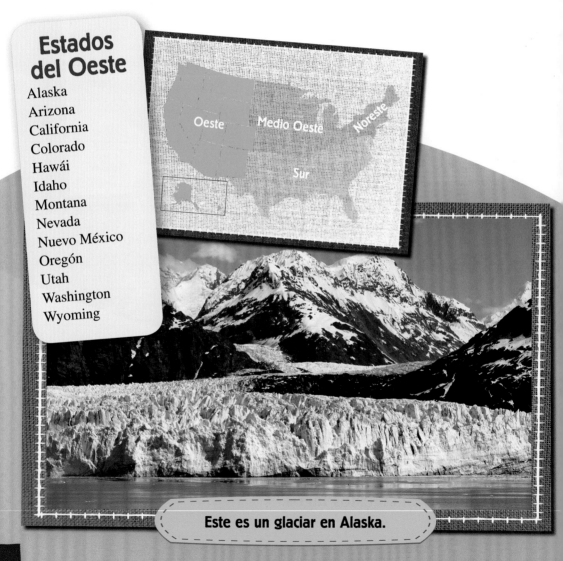

Estados del Oeste

Alaska
Arizona
California
Colorado
Hawái
Idaho
Montana
Nevada
Nuevo México
Oregón
Utah
Washington
Wyoming

Oeste Medio Oeste Noreste
Sur

Este es un glaciar en Alaska.

El Oeste tiene desiertos y playas. También tiene montañas. Hay **glaciares** en Alaska. ¡Y Hawái tiene volcanes!

El Gran Cañon

Hace mucho tiempo, el río Colorado atravesó una región de Arizona y creó un valle profundo. Hoy en día, a este valle se le conoce como el Gran Cañón. ¡Tiene más de 270 millas de largo!

Este es el Gran Cañón.

Mapas modernos

A un libro de mapas se le llama **atlas**. Un atlas te puede ayudar a aprender más sobre una zona. Contiene hechos y fotografías de diferentes lugares.

Este es un atlas de 1879.

Hoy en día, podemos ver mapas en las computadoras. Algunos de estos mapas son **interactivos**. Esto significa que puedes hacer clic en los mapas para aprender más acerca de los lugares que componen nuestra nación.

Imágenes desde el espacio

Google Earth es un mapa interactivo en tercera dimensión de nuestro planeta. El mapa está hecho a partir de imágenes tomadas por máquinas que están en el espacio, llamadas *satélites*. Google Earth tiene imágenes, videos y otras herramientas increíbles para ayudarte a aprender.

Esta mujer usa Google Earth en una tableta.

Una nación

Los mapas de Estados Unidos son importantes. Los mapas muestran los accidentes geográficos en los que vivimos. Muestran los ríos y lagos que nos ayudan a cultivar alimentos. Muestran las carreteras por las que viajamos.

El volcán Kilauea, Hawái

Las Montañas Rocosas, Colorado

Los mapas nos muestran cómo y por qué cada región es diferente. Pero también nos muestran de qué manera todas estas regiones son parte de una nación.

El faro West Quoddy Head, Maine

El puerto de Boston, Massachusetts

¡Hazlo!

Tú también puedes hacer mapas. Haz un mapa de Estados Unidos. Puede ser cualquier tipo de mapa. Podría mostrar dónde juegan los equipos deportivos, o dónde viven los miembros de tu familia. Comparte el mapa con tus amigos.

Este niño hace un mapa mostrando todos los sitios donde viven los miembros de su familia.

Esta niña hace un mapa mostrando los estados que ha visitado.

Este es su mapa.

Glosario

accidentes geográficos: características naturales de la superficie terrestre, como montañas o llanuras

atlas: un libro de mapas

clima: condiciones del tiempo en una región determinada

elevación: la altura de un lugar

glaciares: pedazos de hielo muy grandes que se mueven lentamente en una gran superficie de terreno

interactivos: hechos para responder a las acciones de una persona

mapa político: un mapa que muestra cómo las personas han dividido la tierra

mapa temático: un mapa que muestra un aspecto determinado de una zona

mapas físicos: mapas que muestran la tierra y el agua de un lugar

región: la parte de una zona que es diferente de otras en algún sentido

Índice analítico

¡Tu turno!

Tú estás aquí

Este es un mapa político de Estados Unidos. Muestra los 50 estados y sus capitales. ¿En qué estado vives tú? ¿En qué región está? Enumera dos características de esa región.